Autostima: La Guida Completa per Migliorare la Fiducia in se Stessi. Scopri Come Gestire le Emozioni con l'Intelligenza Emotiva per Raggiungere i Tuoi Obiettivi.

David T. Livingston

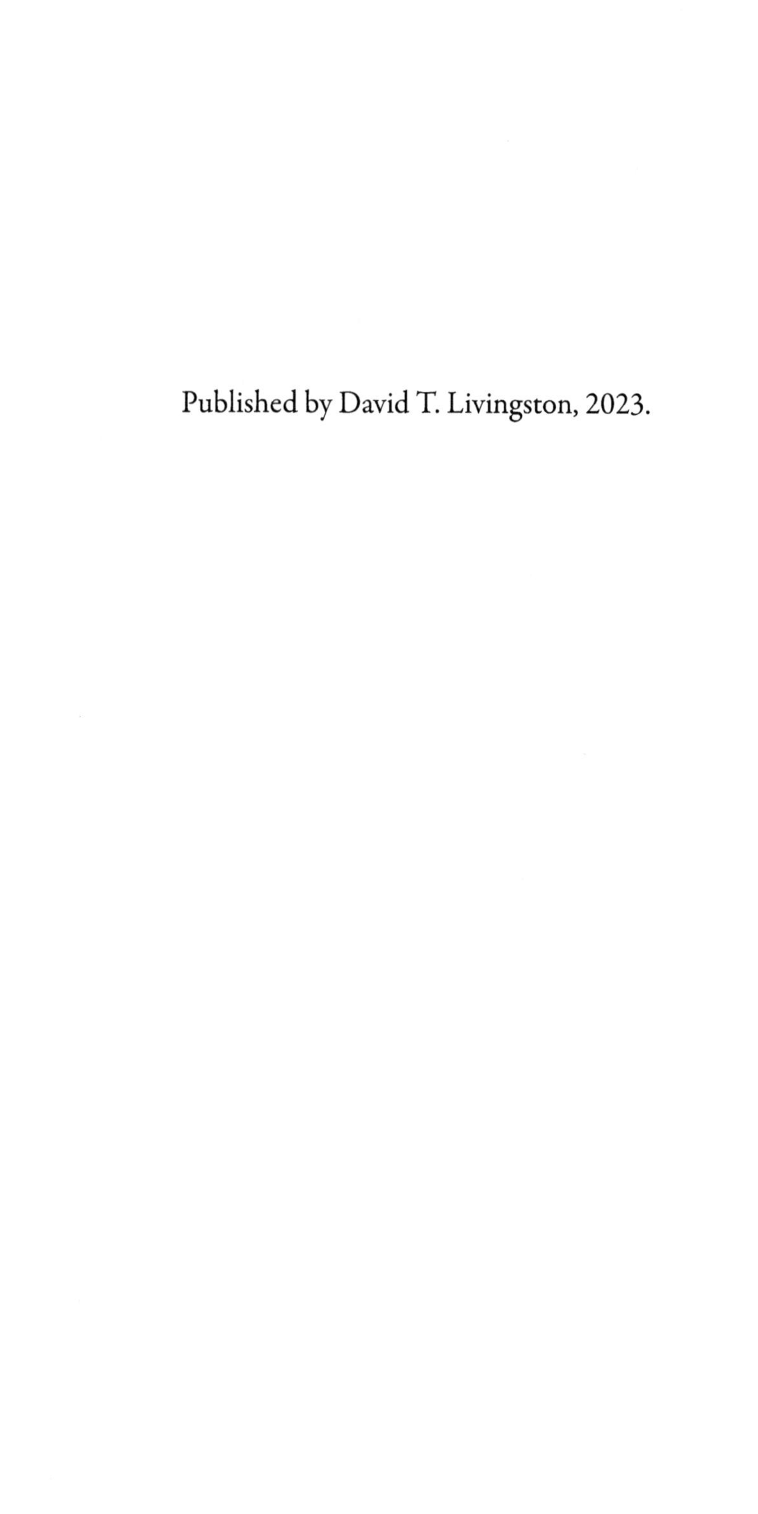

Published by David T. Livingston, 2023.

AUTOSTIMA: LA GUIDA COMPLETA PER MIGLIORARE LA FIDUCIA IN SE STESSI. SCOPRI COME GESTIRE LE EMOZIONI CON L'INTELLIGENZA EMOTIVA PER RAGGIUNGERE I TUOI OBIETTIVI.

First edition. February 10, 2023.

ISBN: 979-8215481547

Written by David T. Livingston.

Also by David T. Livingston

Attacchi di Panico: Scopri come Superare Paura, Angoscia e Stress. La Guida Completa per Vivere Felici e in Armonia

Autostima: La Guida Completa per Migliorare la Fiducia in se Stessi. Scopri Come Gestire le Emozioni con l'Intelligenza Emotiva per Raggiungere i Tuoi Obiettivi.

CAPITOLO 1

Cos'è L'autostima?

L'autostima è la valutazione che una persona dà a sé stessa

Il nostro giudizio è condizionato da elementi cognitivi, ovvero il bagaglio di conoscenze che ci portiamo appresso, straripante di: conoscenza di sé; elementi affettivi che condizionano la nostra sensibilità; elementi sociali che preservano l'apparenza e bramano un'influenza sul gruppo e la nostra approvazione; trascorsi passati; ecc.

Come capisco se ho una bassa autostima?

Questo forse è il passaggio che richiede maggiore onestà con noi stessi. Ora ti elencherò alcune caratteristiche tipiche di chi è soggetto a una scarsa autostima, tu leggi e prova (sinceramente) a chiederti se anche tu ti comporti in questo modo. Se sì, non preoccuparti! A tutto c'è rimedio e io sono qui per accompagnarti fuori dal tunnel.

- Scarsa fiducia nella propria persona;
- Scarsa fiducia nelle proprie capacità (anche se eccellenti);
- Perennemente insicuro (ansioso);
- Non è capace a contare solo su se stesso;
- Manifesta paure correlate alla sua percezione d'inadeguatezza e incapacità;
- Turbamento qualora si trovi di fronte a una scelta importante da prendere con totale autonomia ("Avrò

fatto la scelta migliore?").

Ecco, questi sono le principali trappole in cui si cade se si soffre di una bassa, o pressoché nulla, autostima!

Nessuno nasce con la giusta dose di autostima. Questo perché oltre al lavoro che possiamo fare su noi stessi, coltivandola, esercitarci a esprimere il meglio di noi stessi, credere nelle nostre capacità, alimentare con entusiasmo il nostro percorso di crescita, ecc. Purtroppo, la nostra autostima è continuamente plasmata da agenti esterni. E non c'è modo di evitarlo. Siamo pur sempre esseri umani, e pertanto siamo "animali" che vivono in branchi, in una società di nostri simili. Ognuno con i propri difetti, con le proprie insicurezze caratteriali, la loro indecisione, e via dicendo. Per questo **l'autostima è un fattore dinamico, che evolve e involve nel tempo e subisce variazioni anche notevoli nel corso della vita!**

Un altro tranello in cui è facile inciampare è convincersi che solo una bassa autostima possa influire negativamente sulla nostra vita. Sbagliato! Un altro ostacolo è un'autostima eccessiva, che può avere degli effetti deleteri. Gli estremi si toccano, sia in positivo sia in negativo. Chi dimostra di essere troppo sicuro di sé e ostenta le sue abilità, ritenendo di essere portavoce dell'assoluta verità (anche quando è lampante che non sia così) corre il rischio di non accorgersi dei propri errori, anche mentre li commette. Sono accecati dalla loro sicurezza per prendere in considerazioni altre prospettive. In questo caso, siamo di fronte a un caso di autostima ipertrofica, o anche ipersviluppata.

Segni distintivi:

- Molta (eccessiva) sicurezza in se stessi;
- Orgoglioso;
- Presuntuoso;
- Testardo;
- Incapacità di guardarsi indietro;
- Difficoltà di analizzare il proprio passato;
- Impossibilità di trarre insegnamento dagli errori commessi (perché si è certi di non commetterne alcuni).

Come spesso accade: la verità sta nel mezzo di questi estremi. La vera virtù, la giusta autostima sta nel saper trovare un equilibrio appropriato per stare bene con se stessi e con gli altri. Parlo di "trovare un equilibrio", perché una persona con una buona autostima, non è perfetta, ma sa tenere a bada i tratti comportamentali che meno ama di sé e si sa comunque valorizzare.

La sana autostima è basata da una profonda e onesta conoscenza di se stessi, aiuta a mantenere saldi i punti di forza e a migliorare quelli di debolezza, promuovendo obiettivi stimolanti ma non eccessivi.

Procediamo dunque ad analizzare i soggetti con una bassa autostima, poiché sono loro ad avere maggiore necessità di "supporto" per migliorarsi.

«Io so di essere una brava persona con delle capacità. Perché non riesco a valorizzarmi?»

Comunemente, **la bassa autostima germoglia da una discrepanza tra il sé ideale e il sé percepito.** Il "sé ideale", è la sfera che racchiude ciò che si vorrebbe essere; le qualità che si desidererebbe possedere, dal carattere ideale che vorremmo forgiare; ecc. D'altra parte, il "sé percepito" è rappresentato dalle informazioni, dalle conoscenze e dalle percezioni che abbiamo su noi stessi. Come ci vediamo? Come crediamo di essere?

Entro certi limiti, è capitato a tutti di pensare: "Vorrei tanto possedere quella capacità", oppure: "Mi piacerebbe essere così ma non saprei come fare". Sono pensieri normali. Comuni. Ma attenzione a non farne uno stile di vita! Nessuno deve rassegnarsi al fatto che non sarà mai come vorrebbe essere. Innescare questo meccanismo, significa concretizzare la paura e le insicurezze, che diventano un dato di fatto. L'ostacolo va superato, non trasformato in un muro invalicabile.

Volete davvero rafforzare la vostra autostima? Il processo non è immediato né impossibile, ma richiede comunque tempo, volontà e costanza. Lo fate per voi stessi: nessun altro. Ma, di conseguenza, ogni cosa attorno a noi ne beneficerà.

Coraggio. Provaci!

CAPITOLO 2

Imparare ad amarsi (e accettarsi)

In questo nuovo capitolo, ci concentreremo su un tassello fondamentale per gettare le basi di una buona e durevole autostima: l'amore per se stessi. Se volete far sì che la vostra autostima sia difficile da scalfire dà giudizi esterni, dovete essere VERAMENTE sicuri di quanto di buono avete da offrire. Altrimenti, vi forgerete un'armatura di cartapesta che, al primo scontro con lo spietato monto esterno, si sbriciolerà.

Dunque, sebbene tutti abbiamo una propria idea di cosa significhi amare un'altra persona, alcuni zoppicano se devono rivolgere attenzioni, quali: sentimenti di desiderio, ammirazione, investimento emotivo, affetto, ecc., a noi stessi. Ci sforziamo costantemente di alimentare il nostro amore verso gli altri. Ma che cosa sappiamo dell'amore per noi stessi?

Immagino che per molti lettori, possa essere un concetto assolutamente estraneo. Questo perché se ne minimizza l'importanza!

L'amore per se stessi è una combinazione di auto-accettazione, padronanza di sé (differente dall'ossessione per se stessi) e consapevolezza, rispetto e gentilezza rivolti a se stessi. Il concetto di amore per se stessi è sia teorico, nell'idea di essere meritevoli di rispetto e gentilezza, sia pratico, esprimibile attraverso gesti di pura compassione e auto-sostegno. **In altre parole, l'amore per se stessi è la trasformazione pratica della più teorica autostima.**

Su quali concetti dobbiamo prestare maggiore attenzione?

Quali abitudini è bene adottare nella nostra vita/ quotidianità per accrescere l'amore in se stessi e, di conseguenza, la nostra vitale autostima?

Vediamoli insieme:

- **Riscrivi il tuo copione interiore**

Non appena ti accorgi di rivolgere a te stesso dei pensieri negativi, che affossano il tuo essere e spengono la luce che custodisci in te, fermati! Interrompi quello che stai facendo e sforzati a identificare la natura del sentimento e la sua origine. Solo quando ci sei riuscito, potrai riformulare il pensiero, ma in termini positivi e produttivi.

- Per esempio, nel caso tu abbia dimenticato di consegnare un importante documento al tuo titolare, potresti muovere queste autoaccuse: "Sono davvero uno stupido! Come ho potuto dimenticarmene?". STOP.
- Interrompi immediatamente quel flusso logorante di pensieri e formulane di nuovi. Benché tu sia consapevole che magari il tuo titolare si potrebbe infastidire per la tua mancanza, prova a ripeterti queste parole: "In questo momento mi sento stupido per essermi dimenticato di consegnare il documento. Quando da bambino mi dimenticavo una cosa importante, mio padre mi diceva che ero uno stupido. Le parole che risuonano nella mia testa sono le sue, non le mie". Quindi, continua pensando: "Sono un

lavoratore competente che ha commesso un errore umano, e d'ora in avanti mi assicurerò di crearmi dei promemoria. Per questa volta, consegnerò il documento domattina, assicurandomi di porre delle scuse per il ritardo".

- **Supera le credenze negative che riguardano te stesso**

Non ti tenere aggrappato ai pensieri negativi che nutri per te stesso. Lasciali andare, e vai oltre. Sebbene tu faccia fatica, devi oltrepassare anche le opinioni negative mosse da qualche persona a te cara. Eliminare quelle critiche, non ti farà essere meno amato o accettato dalla persona in questione.

- **Elimina i filtri negativi**

Se sei abituato a concentrarti sono sulle cose che non vanno, o non stanno seguendo il corso che avresti voluto, sappi che è un terribile modo di approcciarsi alla vita. Focalizzandoti eccessivamente sugli eventi negativi della tua vita non fai altro che ingigantirli e dar loro maggiore importanza di quella che meritano. Di solito, chi si comporta così, è solito a lamentarsi continuamente delle cose brutte che gli accadono. E dimenticano tutte le cose positive che lo circondano. Impegnati a trovare le prove del contrario; è davvero improbabile che non ci sia neanche una cosa che vada bene! Comportarsi da vittima, non aiuterà la tua situazione, anzi.

- **Non parlarti mai in modo offensivo.**

Rivolgerti insulti, come metodo di comunicazione personale, non fa che ridurre la tua persona a qualcosa che non ti aggrada e a cui non porteresti rispetto, figuriamoci amore.

- Dire: "Sono un fallimento" dopo essere stato licenziato è inappropriato e ingiusto nei tuoi confronti. Formula invece un commento utile: "Ho perso il lavoro, ma posso fare tesoro di questa esperienza per riuscire a trovare e a conservarne un altro".
- Pensare: "Sono proprio stupido perché non so montare questo mobile" è altrettanto falso e riduttivo. Se ti senti stupido o inadeguato, molto probabilmente è perché ti mancano delle informazioni in merito a qualcosa. Formula quindi un pensiero costruttivo, come: "Non so come occuparmi di questo semplice lavoro di assemblaggio. Magari potrei iscrivermi a un corso e imparare qualche lavoro di falegnameria, se mi dovesse ricapitare".

- **Evita il perfezionismo**

Chi è cresciuto con l'aspettativa di raggiungere standard molto elevati, noterà come si trascinano dietro i rimasugli di questa pretesa: parlando di loro stessi, non riusciranno ad accettare nulla al di sotto della perfezione. Se ti accorgi di star inseguendo la perfezione e di trattarti con severità ogni volta che non la raggiungi, compi tre semplici passi.

- Abbandona il tuo attuale modo di pensare (come abbiamo già detto nel capitolo precedente, non è richiesta la perfezione per avere una solida autostima!);

- Concentrati sullo sforzo richiesto per raggiungere il tuo obiettivo per poi iniziare a esercitarlo con costanza. Devi pretendere il meglio per le tue abilità, quello sì;
- Ridimensiona l'importanza della perfezione del traguardo finale, e valorizza lo sforzo necessario a raggiungerlo (difficilmente quantificabile in termini di "perfezione") ti aiuterà ad apprezzare l'ottimo lavoro svolto.

- **Non presumere che possa accadere il peggio**

Quando teniamo a un evento o desideriamo ardentemente un tipo di svolta decisiva nella nostra vita, è facile convincersi che ogni situazione andrà esattamente come non deve andare. Questi pensieri negativi si abbattono come un "magnete" sul corso degli eventi. Che tu ci creda o no, è così. La maggior parte delle nostre paure, le abbiamo fatte realizzare noi con la nostra incessante insistenza nel "non volere che accadesse". Modificando il tuo dialogo interiore e sforzandoti di essere il più possibile sincero, ottimista e realistico, riuscirai però a smettere di generalizzare o di esagerare ogni evento in termini negativi.

CAPITOLO 3

Allenamenti Per Intensificare l'Amore Per Se Stessi

Vi siete rispecchiati sui punti precedenti? ... Su tutti? Nessuno? La maggior parte?

Indipendentemente dalla risposta, sappiate che ci sono dei metodi pratici per fronteggiare al meglio queste emozioni negative e le critiche che muoviamo a noi stessi. Perché ricordatevi che noi siamo, e rimarremo sempre, i nostri giudici più spietati e severi!

Quindi dobbiamo imparare a tutelarci soprattutto da noi stessi.

Ecco a voi, otto passi per allenare con costanza e dedizione l'amore che ognuno di noi merita di nutrire per sé stesso:

- **Concediti il regalo del tempo**

Il tempo è l'emolliente per ogni malessere. Pertanto, cerca di ritagliarti degli spazi solo tuoi per riflettere su te stesso e sulla tua vita. Non devi sentirti in colpa per voler trascorrere del tempo per te stesso: è anzi essenziale! È importante che tu decida di concederti il tempo e il permesso di amarti. Probabilmente, nel farlo, scoprirai di riuscire a donare anche agli altri delle ore di maggiore qualità.

- **Elenca le tue qualità positive e rifletti sopra quotidianamente**

Impegnati ad appuntarti, almeno una volta a settimana, un tuo attributo positivo. Qualcosa per cui vai fiero, sia un dato estetico, caratteriale o un'abilità. So che per coloro che tendono a svalorizzarsi potrà risultare un vero grattacapo, ma cambiando la concezione di voi stessi, vi riscoprirete migliori di ciò che credete di essere. Alla fine di ogni giornata, rileggi l'intera lista e rifletti.

- Crea un elenco il più possibile specifico. Anziché descriverti utilizzando degli aggettivi generici, cerca di elencare delle azioni o delle caratteristiche specifiche che raccontino chi sei e cosa fai.
- Per esempio, invece di limitarti a essere sbrigativo con un semplice: "Sono generoso", puoi scrivere: "Ogni volta che un'amica è in difficoltà, le faccio un piccolo regalo per dimostrarle il mio affetto. Questo mio comportamento mi rende generoso". Giustifica ogni voce, ogni qualità.
- Quando rileggi e rifletti sulla tua lista, ricorda che ogni sua voce, per quanto insignificante possa apparire, è una ragione per cui sei meritevole di rispetto e amore.

- **Sviluppa un piano che ti consenta di gestire i contrattempi o la negatività**

Sapresti indicare quali attività (superflue) ti distolgono dall'amare te stesso? Individua un piano per aggirare tali ostacoli e impadronirti del tuo tempo e del tuo benessere. Ovviamente, nessuno di noi ha la capacità di prevedere né controllare le parole e le azioni degli altri, ma puoi padroneggiare le tue risposte e le tue reazioni.

- Se, ad esempio, sei solito farti assorbire da una spirale di negatività a causa di assidui commenti negativi espressi da una persona in particolare, per esempio un genitore o il tuo capo, sarà importante cercare di evidenziarne le ragioni. Perché tali commenti ti trascinano così in basso? Colpiscono una ferita dolente? È tempo di rimarginarla.
- Decidi come affrontare i tuoi pensieri negativi. Potresti aver bisogno di concederti una pausa meditativa o di fermarti a respirare. Riconosci i tuoi sentimenti e riformula le tue reazioni negative ricordando a te stesso quanto vali.

- **Celebra e ricompensa te stesso**

Questa è la parte divertente dell'amare te stesso: premiarti, di tanto in tanto, senza esagerare! Rendi le tue conquiste ancora più dolci. Se hai raggiunto una meta significativa, festeggia il tuo successo portandoti a cena nel tuo ristorante elegante preferito. Te lo meriti! Pensa al duro lavoro che hai svolto per giorni e giorni, e trova una ragione per premiarti con qualcosa che ti piace e ti rilassa. Qualcosa che non sempre hai la possibilità di concederti (un po' per il tempo che scarseggia, un po' per denaro) Acquistati quel nuovo libro o quel videogioco su cui hai messo gli occhi da tempo. Coccolati con un lungo bagno caldo a lume di candela o vai direttamente alla S.p.A. Vai a pescare cogli amici o regalati una corsa adrenalinica su un auto sportiva. Avrai l'imbarazzo della scelta.

- **Rivolgiti a un terapista**

CAPITOLO 4

Comprendi l'Amore Per Te Stesso

Riconosceresti una persona che dice di amarsi ma, in realtà, le sue azioni gridano tutto il contrario?

Tu sei sicuro di non compiere delle azioni che ti auto-sabotano?

Come sappiamo se ci stiamo amando e se, soprattutto, lo stiamo facendo nel modo giusto?

- **Comprendi come i commenti altrui influenzano il tuo amore per te stesso**

Arrenditi all'inevitabile: nella tua vita, dovrai sempre lottare contro la negatività. Che sia introdotta da te, o da agenti esterni, essa sarà sempre presente. Vivere in una bolla protetta dall'influenza dei commenti altrui e dalla loro potenziale negatività non è possibile, dovrai dunque essere tu a imparare a gestire la mancanza di positività proveniente da partner, capo, genitori e anche dagli sconosciuti incontrati per strada.

- Potenziando te stesso riuscirai a non farti influenzare dalla negatività e a mantenere intatti i tuoi sentimenti di autostima! Sii forte, ce la farai.

- **Riconosci il pericolo di una carenza d'amore verso te stesso**

Se non saprai amarti a sufficienza, ti complicherai la vita con le tue stesse mani. Anzi, in questo caso, con le tue scelte dannose. Sovente una carenza d'amore equivale a una carenza di autostima e conduce a un auto-sabotaggio, conscio o inconscio.

- L'approvazione degli altri è ciò che ti asseta e ciò da cui dipendi, se non ti ami abbastanza. Questo aspetto è più pericoloso di quanto immagini. Affidarti agli altri per ottenere il loro consenso può infatti spingerti a trascurare le tue proprie necessità per riuscire a sentirti accettato.
- Una carenza di amore per te stesso può inoltre impedirti di progredire e di guarire le tue ferite emotive. Uno studio ha dimostrato che, nella psicoterapia, coloro che tendono a incolparsi e a trascurarsi raggiungono scarsi risultati nella vita.

- **Riconosci il ruolo delle esperienze d'infanzia nell'amore che rivolgi a te stesso**

Fin dalla nascita, il rapporto che abbiamo coi genitori influenza il nostro sviluppo caratteriale; i bambini le cui esigenze fisiche, emotive e mentali non sono state soddisfatte possono presentare problemi di autostima a lungo termine.

- Per esempio, un bambino che è stato più volte definito come "apatico" o "noioso", molto probabilmente, si riterrà un adulto apatico o noioso, anche quando l'evidenza dimostra il contrario (per esempio l'avere molti amici, il far ridere le persone o l'avere uno stile di vita altamente interessante). Ma ciò che più conta è l'idea che ognuno ha di se stesso, quindi immaginate il danno arrecato sin da bambino.

- Spesso i messaggi negativi ricevuti durante l'infanzia, in particolare se in modo ricorrente, tendono a rimanere impressi nelle nostre menti e a influenzare la nostra futura percezione di noi stessi. Se non si interrompe la catena, da adulti è pressoché impossibile liberarsene. Se quindi diventa una convinzione, il tuo bagaglio personale si arricchirà di un pesante fardello.

Praticare la Meditazione dell'Amorevole Gentilezza

Apri la mente e accogli in te la conoscenza di una pratica meditativa che ti spalancherà le porte per la gentilezza verso te stesso e gli altri. Praticala solo se non sei scettico, altrimenti, non potrai mai godere della sua incredibile efficacia.

La meditazione è un'arte saggia e antica. E, per questo va rispettata e tutelata da chi non ne rispetta le sue sacre sfumature!

- **Raccogli i principi della meditazione dell'amorevole gentilezza**

Questa tecnica ti insegnerà una regola essenziale: amare senza imporre condizioni e senza crearti aspettative. Inoltre, ti spronerà ad amare senza giudizio, sia te stesso sia gli altri.

- **Sostieni te stesso con delle affermazioni positive**

Mentre continui a respirare profondamente, (se vuoi puoi mettere della musica rilassante in sottofondo per aiutarti a "isolare la negatività") inizia a ripetere le seguenti affermazioni rivolte a te stesso:

- Che io possa godere di ottima salute e così la mia famiglia e i miei amici;
- Che io possa realizzare i miei sogni e vivere felice e in pace;
- Che io possa essere sempre protetto e così la mia famiglia;
- Che io possa amare gli altri con tutto il mio cuore;

- Che io possa imparare a perdonare me stesso e gli altri.

Spesso giudicando noi stessi o gli altri facciamo soffrire le nostre relazioni personali e creiamo infelicità nella nostra propria mente. Imparare ad amare senza giudizio significa imparare ad amare in modo altruistico. Senza aspettarci nulla in cambio. Impariamo a donare gioia e amore: tutto, prima o dopo, ci verrà riconsegnato.

- **Respira profondamente**

Riscaldati inspirando in modo lento e profondo. Siediti su una sedia in posizione comoda ed eretta e consenti al tuo petto di riempirsi completamente d'aria, espandendosi dal diaframma. Espira quindi lentamente fino a svuotare del tutto i polmoni.

- **Pensa a una persona verso la quale provi uno slancio di positività**

Ripeti le affermazioni senza smettere di pensarla. La sua carica di energia positiva darà maggiore enfasi alle tue frasi.

- **Pensa a qualcuno verso il quale ti senti neutrale**

Ripeti le affermazioni mantenendone vivida l'immagine nella mente. Abbassiamo quindi la carica di energia, e impariamo a gestire la positività anche attraverso un simbolo che ci "stabilizza". Che placa il nostro entusiasmo.

- **Identifica le tue reazioni negative alle affermazioni positive**

Se ti accorgi di formulare dei pensieri negativi mentre ripeti le precedenti affermazioni, rifletti su quali siano le cause scatenanti. Forse ti sei distratta/o dall'immagine che avevi in mente, e hai pensato a qualcuno che proietta su di te un alone di negatività?

Sebbene sia difficile, ora prova a identificare le persone che fatichi ad amare in modo incondizionato, quindi ripeti le affermazioni pensando a loro in modo specifico. Ancora una volta, andiamo ad abbassare la nostra carica emotiva positiva. Questo è un ottimo allenamento per imparare a gestirla senza svincolarla.

- **Ripeti un mantra d'amore**

Dopo aver propagato i sentimenti di positività in ogni direzione, ripeti il seguente mantra: "Che tutti gli esseri umani possano essere e sentirsi gioiosi, felici e sani". Ripeti questa affermazione cinque volte e senti le parole che risuonano nel tuo corpo e si estendono pervadendoti in ogni sua direzione. Più sei convinto di questo messaggio, più si propagherà con una forza dirompente nell'universo.

- **Infine, consenti che la positività che deriva dalle affermazioni ti pervada completamente**

Ora ripeti le affermazioni senza pensare a nessuno in particolare. Concentrati solo sulla loro positività. Lascia che i sentimenti positivi pervadano ogni tua parte e invia la positività da te stesso al resto del pianeta.

CAPITOLO 5

Auto Immagine: Come Ci Vediamo Allo Specchio?

Parliamoci chiaro: uno degli agenti esterni che condiziona da sempre la nostra autostima è il nostro aspetto fisico. Non c'è nulla di cui vergognarsi: chiunque subisce la "responsabilità" imposta dalla società moderna di apparire sempre tonici, nel nostro peso ideale, avvolti nei modelli di abiti più alla moda, esibendo un sorriso senza imperfezioni e un taglio di capelli che non lascia nemmeno un ciuffo in disordine.

La televisione ha generato un paragone di "bellezza" a cui è difficile aspirare. Modelle, calciatori, presentatrici e cantanti, trascorrono più tempo a curare la loro immagine che sul reale posto di lavoro.

Oltre al massiccio peso del confronto con il modello di bellezza moderna e il paragone con gli altri (fra cui anche gli amici, i parenti che più stimiamo, ecc), un altro scoglio che ogni anno si frappone fra noi e la felicità, è l'inizio della primavera/estate. Quando, dopo aver nascosto qualche chilo di troppo nei maglioni sformati, è tempo di mostrare qualche lembo di pelle in più.

Panico. Non è vero?

Certo. Perché qui subentra uno stressante confronto sociale e psicologico.

Diamo spazio quindi a uno studio effettuato negli anni Settanta del secolo scorso da Maxwell Maltz: un medico specializzato in chirurgia plastica. Costui si rese conto della presenza, in ognuno di noi, dell'Io, o Auto immagine, ovvero «ciò che crediamo e siamo convinti di essere».

Abbiamo già visto come quello che ci viene etichettato fin dalla nascita ci condiziona per tutta la vita, ma siete consapevoli che questo influisce anche sul nostro aspetto fisico?

Quando da bambini ci sentiamo ripetere che siamo belli/brutti, alti/bassi, magri/grassi, simpatici/antipatici, ecc., assorbiamo queste informazioni come pura verità, specie se detta dal mondo adulto, che idealizziamo come facente parte di un mondo autorevole e saggio.

«Se la gente dice che sono troppo formosa, allora non vado bene. Nessuno mi amerà» e, nel vederci allo specchio, modelliamo la nostra immagine (magari perfetta così com'è) perché QUALCUN ALTRO ci ha imposto la sua visione di noi stessi. Questo è molto pericoloso e dannoso! Perché quando si innesca questo meccanismo, la ragazza soggetta a questa "violenza psicologica" non si sentirà mai abbastanza magra. Si vedrà sempre imperfetta, curvilinea e sformata rispetto alle sue coetanee. Rispetto alle Veline.

Eppure, non tutti reagiamo allo stesso modo. Ad esempio, c'è chi gli spunta un brufolo nel giorno sbagliato ed evita di uscire di casa per evitare cattivi nomignoli o battute spiacevoli. C'è chi invece esce, nonostante il brufolo, ma tutte le volte che un interlocutore lo guarda in pieno viso, lui si sente in difetto, convinto che l'amico stia fissando proprio il brufolo. E c'è chi invece, non si cura dell'inestetismo sul volto ed esce con fierezza, non si cura degli sguardi altrui e si sente comunque attraente.

Cosa cambia in questi tre esempi?

L'auto immagine che ognuno ha di se stesso. L'autostima che ognuno ha di se stesso.

Tutti e tre quella mattina si sono svegliati e hanno un brufolo nello stesso punto, ben visibile. Ma ciò che conta è come tu ti vedi allo specchio. Ciò che conta è l'idea che hai di te stesso. Quel brufolo sovrasta ciò che tu hai da offrire al mondo? Quel brufolo limita le tue abilità? Quel brufolo ti impedisce di fare ciò che ami? Questo, sta a te deciderlo.

Dunque, immaginiamoci il potere che una simile procedura possiede, nelle interazioni con il mondo circostante qualora ci sentissimo sottoposti al giudizio altrui.

La chiave è:

«Tanto più ci accettiamo, tanto più la nostra auto immagine si avvicina a ciò che siamo e viceversa».

Non sarà qualche chilo in eccesso, né un brufolo sul volto a renderci meno attraenti o simpatici, purché dentro di noi ci si senta bene con noi stessi.

Non dovete allevare dei campioni in miniatura, dovete basare le vostre azioni per crescere dei bambini sani, felici, onesti, in grado di non sopperire alle sfide o alle avversità, di amare se stessi con equilibrio e insegnargli il rispetto per gli altri.

Sotto i due anni, si può parlare di serenità del bambino, completamente in balia di chi lo accudisce e lo ama. Dai due anni in poi, il piccolo prende più consapevolezza della propria forza: per questo sente il bisogno naturale di cominciare a camminare, a muovere gli oggetti intorno a sé, iniziando a formare un senso di auto efficacia che getta le basi dell'autostima.

I pensieri più articolati, prendono però forma solo dai quattro, cinque anni di vita. In questa fase, il bimbo inizia a percepire la realtà con maggiore chiarezza e comincia a interfacciarsi con i propri limiti, entrando i contatti con altri baby coetanei.

Dai sei anni in su, il processo di sviluppo della fiducia nelle proprie capacità sarà catapultato fuori dal nucleo familiare e continuerà anche sui banchi di scuola, mutando continuamente fino all'adolescenza (fase particolarmente delicata, in cui avranno un ruolo determinante le relazioni con i pari).

Le 10 "A"

Ecco le dieci parole chiave (e insegnamenti chiave), che iniziano appunto con la lettera A con cui accrescere l'autostima di vostro figlio.

- **Attenzione**

Nell'epoca degli smartphone e dei social questa è forse la lezione più urgente da divulgare: usa il cellulare quando sei solo/a, sbriga i doveri nell'orario lavorativo, ma quando sei con tuo/a figlio/a cerca di essere completamente a sua disposizione. Quando ti dedichi a lui/ lei, cerca di rispettarlo e di garantirgli del tempo di qualità. Mentre ti parla, non perdere il contatto visivo, ponigli qualche domanda per dimostrare interesse e per mantenere attiva la conversazione. Avere il tuo sguardo e sentire che la tua attenzione è completamente focalizzata su di lui/lei lo/la farà sentire estremamente importante, meritevole di stima e affetto, e ti porterà a forgiare la chiave che apre tutte le porte del cuore: un dialogo vero e profondo.

- **Amore (totale e incondizionato)**

L'amore è da sempre il perno sul quale ruota il mondo. Anche in questo contesto, è in assoluto il punto di partenza di qualsiasi azione verso i bambini: un amore incondizionato. Non importa che tipo di genitore tu sia: giovane, mezz'età o anziano; sappiamo che la spontaneità, la gioia di vivere e la grinta sono a sé, non si possono vanificare con un numero anagrafico. Quindi, è tuo compito spendere tutta la forza e il tempo che hai per far sempre sentire i bimbi amati e accettati per quello che sono, con i loro difetti e i loro limiti, senza mai mettere in discussione il sentimento profondo che provi per loro.

Non pesare le forme d'affetto che utilizzi temendo di essere troppo sdolcinato/a: il tempo dei baci, degli abbracci, delle coccole non è infinito, usa al meglio gli anni che hai a disposizione. Lasceranno il nido prima di quanto immagini e, presto, si vergogneranno di un bacio scoccatogli sulla guancia di fronte agli amici.

- **Autorevolezza**

Le regole, nell'infanzia, hanno un ruolo che decreterà l'uomo di domani. Che rapporto avrà tuo figlio con le imposizioni? Come ti comporterai, qualora non obbedisse?

Oltre a insegnargli il rispetto verso chi è più grande di lui, questo compito avrà inoltre un ruolo di sostegno e protezione. "Se ti dico di stringermi la mano, mentre attraversiamo le strisce, è per il tuo bene". Non ci si aspetta una ribellione, perché il figlio si fida di noi. Si lascia guidare e riparare. Il giusto numero di limiti non tarpa le ali del bambino, ma lo rassicura e lo fa sentire più sicuro di sé. Il problema è che sentiamo spesso parlare dell'importanza delle norme, ma mai abbastanza di quanto sia fondamentale, per gli educatori, dare regole coerenti tra loro, farle rispettare sempre nel tempo e seguirle in prima persona dando il buon esempio. A tal proposito: se state educando vostro figlio a mangiare le verdure e poi voi a tavola siete i primi a scartarle, offrireste a vostro figlio un motivo di scontro, mettendo in dubbio i vostri stessi insegnamenti. Solo questo rende l'adulto veramente autorevole e in grado di farsi ascoltare. Non scordare mai che i bimbi sono grandi osservatori.

- **Ascolto**

Questa parola è fortemente correlata all'insegnamento dell'Attenzione. Infatti, non ve la caverete mantenendo lo sguardo fisso sul bambino ma, evadendo con la mente verso i fatti vostri. No! Senza ascolto, non c'è nemmeno attenzione. Focalizzarsi su un interlocutore significa aprirgli completamente il tuo cuore, concentrarsi su ciò che sta dicendo in silenzio. Non guardarlo: vederlo.

Nulla ci fa sentire importanti e capiti come qualcuno che ci ascolta. Dunque, se il bambino sta provando a spiegarti qualcosa che per lui è importante, dagli ascolto e attenzione perché ha bisogno di sentire che ti importa di lui e dei suoi sentimenti e non lo giudichi né lo prendi in giro per ciò che prova. Se fallirai, lui non verrà più a cercare il tuo conforto e, fidati, ti sentirai sperso qualora accadesse!

- **Autodisciplina**

Quanti di voi si sono sentiti spettatori di un rimprovero "astratto"? Magari il figlio di un amico, di un parente. Concentriamoci ad andare "dritti al sodo": non divaghiamo. Quale delle azioni del bimbo è quella sbagliata e merita un rimprovero? Puntiamo su quella e lui capirà velocemente perché siamo così seri. "Hai rotto il gioco del tuo amichetto, hai sbagliato".

E' essenziale che la sgridata sia breve, considerata la poca capacità di attenzione dei più piccoli, e che venga immediatamente dopo la loro "colpa": il bimbo vive in un costante qui e ora.

- **Autoanalisi**

Discutere di parola sembra difficile visto che ci stiamo rivolgendo a dei bambini piccoli, ma in questo caso viene utilizzata in un senso pratico molto semplice: attraverso un linguaggio appropriato fai sempre riflettere i bambini sulle conseguenze delle loro azioni, facendo in modo che se ne assumano la responsabilità senza dire bugie (se inizieranno a ingranare in un meccanismo d'inganni, omissioni e menzogne, continueranno per tutta la vita! Perché avranno troppa paura delle conseguenze, se dicessero la verità).

E' importante che capiscano fin da piccoli che ogni gesto ha delle conseguenze, che quelli corretti sono premiati e a quelli sbagliati corrisponde una sgridata.

- **Apprezzamento**

In sociologia, si parla di "profezia che si auto-adempie". Sai di cosa si tratta? In buona sostanza, è una previsione che si materializza, diventando reale per il solo fatto di essere stata espressa. Se tratterai tuo/a figlio/a come un bambino autonomo e intelligente sarà molto più facile che lo diventi!

Fagli capire sempre che credi in lui, che riponi fiducia nelle sue capacità, incoraggialo. Nulla crea fiducia in se stessi più della fiducia ricevuta. Devi essere il/la primo/a "fan" dei tuoi figli, dei supporter instancabili che, pur non elogiando senza meriti, cercano sempre di sottolineare i loro progressi. Far capire che sei fiero/a di loro e fermamente convinto/a che potranno farcela li porterà a sentirsi apprezzati, amati e a credere in se stessi. A non arrendersi, nonostante le difficoltà.

- **Autonomia**

Nonostante in cuor tuo, ognuno di noi spererebbe di essere sempre "utile" al proprio figlio, è bene incoraggiarlo sin da piccolo a da solo. A essere autonomo: lui possiede tutte le abilità per essere indipendente. Si parte dalle cose più piccole, per salire di livello man mano che avanzano gli anni. Fallo sperimentare da solo, anche se col rischio di sbagliare. Non metterlo sotto una campana di vetro per la paura che si faccia male o che affronti dei fallimenti, ma anzi dategli piccoli compiti di responsabilità che gli facciano capire che ti fidi di lui/lei e della sua capacità di portare a termine un compito. La volontà di proteggerlo ci sarà sempre, è ovvio, ma dovrai sempre bilanciarla con la spinta a farlo esplorare, provare attività nuove, conoscere nuovi amici.

Supportalo essendo per lui un punto di riferimento costante, ma senza sostituirsi a lui/lei. Il vero aiuto è quello di chi "tifa" per te nonostante i tuoi insuccessi e riesce a farti capire cos'hai sbagliato e cosa puoi fare per migliorare.

- **Asilo nido**

Sebbene ci siano diverse agevolazioni per le mamme in campo lavorativo, arriverà sempre il giorno in cui bisogna rientrare sul posto. Quando quel momento bussa alla porta, molte mamme si sentono in colpa a mandare i piccoli al nido, ma a discapito di qualsiasi senso di colpa: sappi che per i bambini sperimentare figure diverse dalla madre può avere invece effetti positivi. Il nido e la scuola dell'infanzia offrono ai bambini una grande quantità di stimoli che permettono loro di venire a contatto con diversi stili educativi, imparare a destreggiarsi in gruppo, allenare le loro capacità sociali.

- **Accettazione delle avversità**

Insegna al/alla bambino/a che nessuno è perfetto, che tutti possono sbagliare, incontrare delle difficoltà, avere giornate "no", ma è proprio vedendo come reagisci con soluzioni nuove alle avversità della vita che gli insegnerai a credere nelle sue forze e nella sua capacità di risollevarsi. "Non è bravo chi non cade ma chi sa rialzarsi", dice un detto: lascia che il/la bambino/a provi a rialzarsi da solo: i bimbi devono imparare ad affrontare delusioni e sconfitte. Se ce la fanno a risolvere un problema da soli, è normale che la loro autostima cresca, così come il loro desiderio di cimentarsi di nuovo in futuro nella soluzione di altri problemi.

Consiglio pratico

Per stabilizzare i loro sentimenti di autostima, insegna ai bambini in modo non aggressivo (senza colpirli, offenderli o sgridarli). La violenza e l'umiliazione non sono MAI una soluzione!

- Per esempio, nel caso il tuo bambino ne colpisca un altro, puoi prenderlo da parte con tranquillità e spiegargli con gentilezza che non bisogna colpire nessuno per non rischiare di fargli male. Se necessario puoi imporgli di fare una piccola pausa dal gioco per fermarsi a respirare e a riordinare le idee.

CAPITOLO 7

Relazionarsi Con Gli Altri E Smettere Di Criticare

È giunto il momento di sottoporci a un esame di coscienza.

Abbiamo già stabilito come il mondo esterno ci condizioni il buonumore e mini la nostra autostima (specie se i giudizi negativi provengono da persone che stimiamo).

E se fossimo proprio noi a parlare a sproposito, lanciando sentenze che calpestano il cuore e le certezze di un conoscente o di una persona a noi cara?

Ci avete mai pensato?

Fate sempre attenzione a soppesare bene le parole, di modo da non arrecare danni ad alcunché? O, talvolta, soggetti a una giornata storta, avete dato fiato alla bocca senza collegare bene il cervello?

Ognuno deve fare la sua parte. Ognuno deve imparare a relazionarsi e a comunicare in modo corretto, per evitare di essere l'epicentro di un terremoto che si estende per miglia e miglia, radendo al suolo ogni cosa.

In quest'epoca, i "leoni da tastiera" sono affamati predatori in cerca del soggetto più debole da bullizzare e lapidare nella "pubblica e virtuale" piazza social. Eppure, le critiche e l'arroganza, dilaga anche nelle uscite in compagnia e in comuni occasioni di confronto.

Ormai è diventato un problema molto serio: pare che ognuno debba dare la propria opinione su tutto, anche se non è stato esplicitamente interpellato o non conosce approfonditamente l'argomento. Si parla per sentito dire; si parla per luoghi comuni; si parla per farsi notare... Quando, il più delle volte, si farebbe più bella figura tacendo e limitandosi ad ascoltare.

Al contrario di quanti molti pensano, criticare non aiuta le persone. La critica immotivata, non costruttiva né mediata, inasprisce i rapporti e colui che muove delle critiche ingiuste perde inevitabilmente la stima da parte dell'interlocutore e di tutti quelli presenti. È una circostanza in cui tutti perdono. Nessun vincitore, solo vinti.

... Vuoi provare a migliorare te stesso in relazione con gli altri e, di conseguenza, provare a migliorare anche la società?

Vediamo i punti su cui concentrare la nostra attenzione:

Passo 1: Cambiare il proprio atteggiamento

- **Concentrati sugli aspetti positivi**

Spesso, siamo critici volontariamente. Ciò dipende da come SCEGLIAMO di vedere una determinata situazione. Sappiamo che ognuno ha i suoi difetti e le sue imperfezioni. Tuttavia, il più delle volte le persone hanno pregi che superano i loro difetti. Prova a essere più imparziale, sebbene non nutri una particolare simpatia per quella persona e, subito dopo, concentrarti maggiormente sui suoi lati positivi e ignora quelli negativi. Un atteggiamento positivo e propositivo può cambiare il modo di reagire allo stress e alle provocazioni. Le emozioni più spiacevoli agiscono sull'amigdala, innescando stress e ansia. La tensione e l'agitazione possono portarti a interagire male con gli altri. Perciò, se ti impegni ad assumere un atteggiamento positivo, alla fine smetterai di criticare gli altri. È facile, devi solo abituare il tuo cervello a un nuovo punto di vista!

Tieni presente che ognuno di noi possiede una certa dose di bontà. Anche il peggior criminale del mondo. Sforzati a non essere scettico a riguardo: prova a dare alle persone il beneficio del dubbio. Esci dai tuoi schemi cercando di vedere e apprezzare ciò che di buono c'è negli altri. Spesso, i difetti delle persone in realtà dipendono da alcuni pregi. Ad esempio, il tuo partner potrebbe impiegare molto tempo a terminare le faccende domestiche più semplici, perché è più scrupoloso rispetto ad altre persone. Forse passa 20 minuti in più a lavare i piatti perché vuole che siano perfettamente lindi e impeccabili. Sebbene possa darti fastidio sentire scorrere tutta quell'acqua e vorresti che ti raggiungesse a letto il prima possibile: apprezza questo suo lato! È in realtà un pregio, perché ama prendersi cura della vostra casa, del vostro nido.

- **Pensa prima di parlare**

Fa' che diventi un tuo mantra! Prima di dispensare critiche, imponiti una pausa e considera se devi per forza pronunciarti su un argomento (che, come detto prima, potresti non conoscere davvero). Se qualcuno ti ha fatto innervosire, hai veramente bisogno di farglielo notare? Quanto è acuta la provocazione che ti ha "lanciato"? Sicuro che non puoi ingerire il rospo, risparmiare tante parole e sorridere? A volte, è meglio lasciarsi scivolare addosso le sciocchezze e proseguire come se nulla fosse. Prova a fare qualche respiro profondo e, invece di criticare, piuttosto allontanati.

Mi raccomando, è sempre preferibile non giudicare gli altri sul piano caratteriale. Le persone hanno poco controllo sui loro capricci caratteriali. Se un amico ha la tendenza a farsi ossessionare dai suoi interessi, forse sarebbe meglio sorridere e annuire quando parla appassionatamente del suo programma televisivo preferito. Se la sua è un'abitudine, non cambierai di certo il suo comportamento criticandola! E poi perché dovresti imporre il "tuo modo corretto di passare il tempo libero"? Anche tu, ti intratterrai con delle frivolezze che in molti non condivideranno. Ma che male c'è? Il mondo è bello perché vario. Evita quindi di giudicare il comportamento degli altri prendendo di mira il loro carattere. Ad esempio, può essere un problema che tutti i mesi il tuo partner dimentichi di pagare in tempo la bolletta del telefono. Tuttavia, non è molto utile dirgli:

"Perché sei così sbadato?". Forse ti conviene tacere sul momento e parlare in seguito, una volta che ti sarai calmata. In questo modo troverai una soluzione per gestire il pagamento delle bollette, ad esempio scaricando un'applicazione sul telefono che gli ricordi quando è il momento. I fatti, contano più delle parole. Capisci chi hai di fronte: individua le sue carenze caratteriali, emotive, ecc. E, senza farglielo notare, sii propositiva! Va' a colmare quelle lacune, senza farglielo pesare. Anche lui si renderà conto che lo stai aiutando a migliorarsi.

- **Sii realista**

Spesso le persone più critiche hanno pretese troppo alte da coloro che le circondano. È possibile che la tua tendenza a criticare derivi dal fatto che ti aspetti molto da chi ti sta accanto. Se hai l'impressione che gli altri ti irritino o ti deludano continuamente, forse dovresti abbassare un po' l'asticella delle tue aspettative. Questo non vuol dire accettare passivamente ogni situazione!

Ora ti invito a pensare all'ultima volta che hai criticato qualcuno. È passato molto tempo o appena qualche ora? Da che cosa è scaturita questa critica? Le tue aspettative riguardo alla situazione erano realistiche?

Ad esempio, supponiamo che tu abbia rimproverato la tua ragazza perché non ha risposto tempestivamente ai tuoi messaggi su WhatsApp, nonostante fossi a conoscenza che fosse in giro con le sue amiche. Le fai presente che ti sei sentito trascurato e che avresti preferito che ti rispondesse subito. Prenditi un attimo di pausa e valuta le tue pretese. Puoi davvero aspettarti che la tua ragazza stia al telefono con te quando è in compagnia delle sue amiche? Non ha diritto a una vita sociale al di fuori del vostro rapporto? Sai perfettamente che, un tale comportamento in pubblico, è sinonimo di maleducazione. Probabilmente anche tu ignoreresti tanti messaggi da parte sua o le risponderesti in ritardo se fossi occupato. In questo caso, forse, sarebbe meglio ridimensionare le tue aspettative. Non è ragionevole pensare di ricevere una risposta immediata a un messaggio sapendo che il destinatario sta con altre persone.

- **Considera le persone indipendentemente dalle loro azioni**

Chi critica spesso vede le cose in maniera parziale. Come guardare un quadro per metà, senza capirne il disegno per intero. Ignorando il messaggio che l'autore ha voluto trasmettere all'osservatore. E su quale lato si concentra? Ovviamente solo sui lati negativi, perché QUELLI vuole vedere. Non gli interessa altro. Questo atteggiamento può portarlo a criticare gli altri. Se ti accorgi di avere dei pregiudizi sul carattere di qualcuno, fermati. Prova a distinguere un comportamento deludente dalla persona che lo assume. Nessuno agisce in maniera irreprensibile, ma un singolo gesto non rispecchia la complessità caratteriale del suo autore. Non essere drastico nei tuoi giudizi. Se vedi qualcuno che non rispetta la coda, credi immediatamente che sia una persona maleducata? Se la tua risposta è sì, fermati un attimo e analizza la situazione con maggiore cautela. Come possiamo sapere che non abbia fretta, che non abbia troppi pensieri e non si sia reso conto di aver saltato la fila? Non possiamo saperlo, a meno che lui non comunichi apertamente le sue motivazioni. Dal canto tuo, è comprensibile che ti senta frustrato. Un simile comportamento è fastidioso per chiunque lo subisce, specie se sei tu il primo ad avere fretta o a esserti svegliato con la luna storta. Tuttavia, cerca di non giudicare personalmente uno sconosciuto in base a un singolo gesto. Se ti abitui a distinguere le persone dalle loro azioni, svilupperai automaticamente un atteggiamento meno critico. Quando arrivi a capire che non puoi giudicare il carattere di una persona in base a una singola scelta o decisione, non tenderai più a definirla scortese o irrispettosa.

- **Non vedere il comportamento degli altri in maniera personale**

Perché prendere sul personale tutto ciò che accade e che ti viene detto? Vivi più serenamente e, di conseguenza, lascia correre anche qualche comportamento "ingiusto" degli altri. Magari sei portato a criticare chi ti dà sui nervi o ti crea qualche difficoltà. In ogni caso, ricorda che ognuno ha la sua vita e i suoi problemi. Ognuno combatte la sua battaglia, quotidianamente. Se il comportamento di qualcuno ti infastidisce, non è detto che lo faccia quasi sempre di proposito. Per esempio, supponiamo che uno dei tuoi amici abbia l'abitudine di mandare all'aria i vostri programmi. Puoi considerare il suo atteggiamento come una mancanza di rispetto e sentirti in obbligo di rimproverarlo perché non dà importanza al vostro rapporto. Tuttavia, riflettendo obiettivamente, potresti accorgerti che le sue disattenzioni non hanno nulla di personale nei tuoi confronti e anche lui è mortificato a dover disdire gli impegni con te! Osserva la situazione da un punto di vista esterno. Il tuo amico ha mille impegni? È inaffidabile con tutti? È più introverso di altri? Considera che, per annullare dei programmi, ci possono essere molti motivi e fattori al di fuori di ogni controllo. Pertanto, è molto probabile che tutto ciò non abbia nulla a che fare con te personalmente. Criticando, rischi di aggiungere altro stress a chi già stressato.

Passo 2: Comunicare in modo efficace

Quante volte abbiamo acceso una discussione semplicemente esprimendoci in un modo poco chiaro e consono al contesto? Quante volte, il tono di voce, ha influenzato un'incomprensione che si è ingigantita fino a perderne il controllo?

La comunicazione è colei che ci distingue dagli animali. Ma, per valorizzare il dono che ci è stato dato, dobbiamo anche saperla gestire senza farci sopraffare dalla rabbia, dallo stress, dalla gelosia, dal rancore, ecc.

Nella vita di tutti i giorni, sappiamo che non è semplice, specie per chi ha un carattere indomito e istintivo. Eppure, siamo animali sociali e, pertanto, ci viene richiesta una pacifica convivenza con il prossimo. Parlare, saper comunicare le proprie emozioni (positive o negative) influisce positivamente su ogni relazione in cui ci esponiamo. Ma, come sapete, ci vuole un attimo per vanificare la "costruzione della fiducia" e ridurla a dei cocci. Per evitare queste spiacevoli situazioni, di cui poi portiamo le ferite nel cuore, studiamo insieme dei rimedi che ci "innescheranno" poco prima dell'esplosione.

- **Trova una soluzione vantaggiosa per tutti a vari tipi di problemi**

Soprattutto se hai la fortuna di condividere i momenti di svago con un ampio gruppo di amici, ti consiglio di applicarti nel problem solving. Questo è un ottimo modo per sedare gli animi quando si dibatte vivacemente sul dove andare a bere una birra o su che località visitare una raggiante domenica pomeriggio.

Cerca di comprendere le critiche e le opinioni dei partecipanti e fai in modo di proporre una soluzione che accontenti le idee un po' di tutti. Un atteggiamento puramente critico di per sé non porta a niente. Usa le tue abilità comunicative e di ascolto, per acquietare i toni magari esagitati dei tuoi amici e cerca di diffondere serenità ed equilibrio. Non puntare il dito su nessuno, né tanto meno prendi le posizioni di un altro. Sii imparziale e non imporre il tuo punto di vista.

Torniamo all'esempio del partner. Forse desideri che sia più puntuale. Fagli notare in modo pacato quali sono quei "riti" durante la preparazione in cui è solito a dilungarsi inutilmente e spiegagli in che modo potrebbe accelerare la procedura.

Dalla tua, dovresti anche essere disposto a trovare un compromesso. Ad esempio, se il tuo desiderio è quello di arrivare a una festa mezz'ora prima dell'inizio è un po' esagerato. Magari potresti accettare di arrivare con 10-15 minuti di anticipo e concedere del tempo prezioso al tuo partner che già si sta agitando per il poco tempo rimasto.

- **Dai un parere anziché lanciare una critica**

Come già detto, in alcuni casi le persone hanno problemi che affronterebbero meglio se venissero indirizzati appropriatamente, piuttosto che giudicati. Forse un amico che paga le bollette con ritardo ha bisogno di qualche consiglio su come gestire le economie domestiche; mentre un collega che non è mai puntuale alle riunioni di lavoro deve imparare a gestire meglio il suo tempo, calcolando gli impegni improrogabili, gli spostamenti in ufficio, le pause e gli imprevisti. Un parere è molto diverso da una critica. Al momento di affrontare un problema, pensa a quale suggerimento potresti offrire per aiutare qualcuno a migliorare se stesso (lo apprezzi, quando accade a te. Non è vero?). È un atteggiamento più efficace rispetto a una semplice critica. Le persone tendono a reagire meglio quando vengono esortate in modo costruttivo, mediante un consiglio e un po' d'incoraggiamento, rispetto a quando ricevono critiche inflessibili che non tengono conto di molti aspetti a noi sconosciuti, a meno che non ci soffermiamo sulle spiegazioni del nostro interlocutore.

Torniamo all'esempio precedente. Ogni mese il tuo partner dimentica puntualmente di pagare la bolletta del telefono. Questa situazione genera inutili tensioni e comincia a compromettere la sua solvibilità. Probabilmente arriverai a dirgli: "Perché non fai più attenzione alle bollette?" Oppure: "Perché non ricordi quando devi pagarle?", ma non è detto che sia efficace. Il tuo ragazzo sa già che deve essere più responsabile, ma per vari motivi ha difficoltà. Al contrario, offrigli un parere lodando i suoi sforzi tesi a trovare una soluzione. Ad esempio, potresti dirgli: "Apprezzo che tu stia cercando di essere più responsabile. Perché non vai in cartoleria e ti procuri un calendario? Quando arriverà la bolletta del telefono, potrai segnare la data utile entro la quale va pagata". Prova anche a proporgli altre possibili soluzioni. Ad esempio: "Posso ricordarti di scrivere quando bisogna pagare la bolletta ogni mese".

- **Esprimiti in prima persona. In ogni rapporto, presto o tardi, si profilano situazioni difficili**

Se qualcuno ti ferisce o ti rende nervoso, parlane apertamente con il diretto interessato. Non perdere tempo a metterlo in cattiva luce con chi non è coinvolto: questa non è una soluzione! Invece di criticare, esponi il problema parlando in prima persona. Così facendo, riuscirai a porre l'accento sul tuo stato d'animo invece di dare giudizi o attribuire colpe. Tanto lo sai che le cose si fanno sempre in due.

Una frase in prima persona comincia con: "Mi sento/ho l'impressione" e continua spiegando lo stato d'animo di chi la pronuncia, seguito dai comportamenti che hanno dato luogo a determinate sensazioni infelici. Infine, termina illustrando le motivazioni all'origine dello stato d'animo comunicato all'inizio. Vediamo un esempio: ipotizziamo che sei arrabbiata perché il tuo partner ha passato gli ultimi fine settimana con i suoi amici. Non dire: "È così frustrante che passi tutto il tuo tempo con gli amici senza invitarmi. Mi hai messa da parte tutto il tempo". Riformula questo pensiero parlando in prima persona. Potresti dire: "Mi sento messa da parte quando esci con gli amici e non mi inviti, perché ho l'impressione che non trascorriamo molto tempo insieme".

- **Chiedi quello che vuoi in maniera diretta**

Alla base di una cattiva comunicazione, ci sono delle critiche pesanti. Se non esprimi quello che desideri, non puoi pretendere che l'altra persona lo sappia. Cerca di manifestare quello che vuoi in modo diretto, ma con rispetto, senza mai offendere l'interlocutore che, altrimenti, risponderà a tono scatenando una discussione fuori controllo e del tutto priva di utilità.

In questo modo il bisogno di criticare scomparirà nel corso del tempo. Supponiamo che il tuo partner dimentichi puntualmente di lavare le posate dopo averle usate. Invece di accumulare rabbia e frustrazione, col rischio in futuro di scatenarti in aspri rimproveri, affronta subito il problema tenendo bene a mente il rispetto verso l'altra persona. Non dire: "Smetti di mettere le forchette sporche nel lavello. Mi fa impazzire. Lavale e basta". Piuttosto, prova a esprimerti in questo modo: "Per favore, potresti lavare le forchette dopo che le hai usate? Ho notato che ne accumuliamo parecchie nel lavello".

- **Prendi in considerazione il punto di vista dell'altra parte**

Giudizi e critiche procedono di pari passo. Se critichi gli altri troppo spesso, rischi d'inibirli. Prova a metterti nei panni dell'altra persona prima di formulare una critica. Ti farebbe piacere ricevere questa osservazione? È da formulare diversamente? Potrebbe risentirsene? Cerca di vedere sinceramente le cose dal SUO punto di vista. Rifletti su quello che stai per dire. Come ti sentiresti se ricevessi una critica del genere? Anche se quello che stai dicendo ha un fondo di verità, riesci a formularlo in modo che venga accettato? Ad esempio, se il tuo partner è sempre in ritardo, presumibilmente ti sentirai in diritto di dirgli: "Mi stai mancando di rispetto arrivando sempre in ritardo". È probabile che non abbia questa intenzione e che, invece, si senta aggredito da una critica formulata in tali termini. Tu cosa risponderesti se ti mettesse di fronte a questa critica?

Inoltre, cerca sempre di ampliare la mente. Di guardare il quadro nella sua totalità, non per metà. Considera i fattori esterni che condizionano un determinato comportamento. Supponiamo che la tua migliore amica sia stata meno presente ultimamente. Magari non ha risposto subito ai tuoi messaggi o è stata piuttosto silenziosa. Le è capitato qualcosa che ha alterato il suo comportamento? Per esempio, forse sai che è stressata a causa del lavoro o della scuola. Forse sta attraversando un momento difficile dopo la rottura col suo ragazzo. Tutto questo potrebbe compromettere la sua capacità o il suo desiderio di stare tra la gente. Cerca di capirla e non arrivare a conclusioni affrettate.

Passo 3: Voltare pagina

Questo è l'ultimo, indispensabile, passaggio per imparare a destreggiarsi nella società e vivere con maggiore serenità. Più gli anni avanzano, più prenderai consapevolezza sull'inutilità di farsi venire il sangue amaro per chiunque ti abbia fatto un torto o ti abbia rivolto un commento indelicato. Ecco su cosa dovrai focalizzarti:

- **Cerca di correggerti**

Un altro errore molto comune e decisamente poco consigliato, è quello di scaricare le proprie tensioni emotive su coloro che ti circondano (che, solitamente, sono quelli che ti vogliono bene) Se non sei soddisfatto del tuo lavoro, della tua relazione, della tua vita sociale o di altri aspetti della tua vita, cerca di risolvere questi problemi in autonomia. Magari aiutandoti con gli esercizi di meditazione sopracitati o con lunghe passeggiate all'aria aperta o mettendo nero su bianco i pro e i contro della scomoda situazione per fare più chiarezza con i tuoi sentimenti confusi. Ma tieni lontano i tuoi cari dal vortice di negatività! Lo stress causato da un atteggiamento distruttivo può condizionare la salute e il benessere personale, rendendoti incapace di gestire lo stress. Questa situazione, a sua volta, può peggiorare i rapporti sociali. Se ti impegni a essere una persona più positiva, migliorerai i tuoi rapporti con gli altri. Sarai in grado di affrontare le divergenze in modo più efficace.

- **Metti in discussione i tuoi pregiudizi sugli altri**

Consideriamo un fatto: tutti hanno preconcetti sugli altri. Se sono esagerati e frequenti, c'è il rischio di essere critici su tutto. Perciò, durante il giorno cerca di mettere in dubbio quello che pensi quando ti accorgi di calcare troppo la mano. Forse dai per scontato che chi si veste bene o porta un trucco pesante sia una persona che dà molta attenzione alle apparenze. Può darsi, invece, che sia insicura e, vestendosi in un certo modo, si senta meglio perché in qualche modo si "nasconde", si "confonde" in mezzo agli altri. Forse ritieni che chi non abbia conseguito un diploma sia pigro, demotivato o poco ambizioso. Tuttavia, è probabile che in famiglia abbia dovuto affrontare delle difficoltà economiche o di diversa natura che non gli hanno permesso di continuare gli studi.

Tutti possono sbagliare. Specialmente se si tratta di giudicare frettolosamente qualcuno alle prime battute. Quando vedi qualcuno commettere un errore, ricordati dei momenti in cui non ti sei comportato bene o non sei stato così irreprensibile. Ad esempio, se giudichi una persona perché ti ha superato a un incrocio, tieni presente tutte le volte in cui non sei stato tanto preciso alla guida, perché magari eri di fretta, assonnato o sovrappensiero.

- **Informati**

Molte persone hanno disabilità nascoste. Prima di giudicare o criticare qualcuno, fermati e considera la possibilità che sia affetto da una patologia poco evidente che cerca di camuffare. Se un collega sembra maleducato perché non si ferma a chiacchierare, potrebbe soffrire di ansia sociale. Se un amico parla continuamente di gatti, forse è affetto da un disturbo dello spettro autistico. Se un compagno di classe fa continuamente le stesse domande, potrebbe avere qualche difficoltà di apprendimento. Fare una domanda in più al momento opportuno, ti eviterà brutte figure dove potresti risultare di poco tatto.

Consulta i siti web che parlano delle disabilità nascoste. Prima di essere prevenuto nei confronti di qualcuno, ricorda che molte persone combattono contro disturbi che gli altri non riescono a vedere.

- **Vai in terapia, se necessario**

Se credi che la tua tendenza a criticare dipenda dal fatto che ti senti infelice, o irrealizzata e guardi gli altri con invidia, forse dovresti ricorrere alla psicoterapia. Per esempio, i disturbi come la depressione possono causare scatti d'ira nei confronti degli altri. La psicoterapia ti permette di metterti in contatto con le tue vere emozioni, aiutandoti a gestirle, ed essere meno critico. Se senti il bisogno di andare in terapia, chiedi al tuo medico curante d'indicarti un professionista. Puoi anche sfruttare Internet per trovarne uno. Se studi all'università, chiedi al tuo ateneo se mette a disposizione degli studenti un servizio di consulenza psicologica.

Don't miss out!

Visit the website below and you can sign up to receive emails whenever David T. Livingston publishes a new book. There's no charge and no obligation.

https://books2read.com/r/B-A-NJNW-JKLFC

BOOKS 2 READ

Connecting independent readers to independent writers.

Did you love *Autostima: La Guida Completa per Migliorare la Fiducia in se Stessi. Scopri Come Gestire le Emozioni con l'Intelligenza Emotiva per Raggiungere i Tuoi Obiettivi.*? Then you should read *Attacchi di Panico: Scopri come Superare Paura, Angoscia e Stress. La Guida Completa per Vivere Felici e in Armonia*[1] by David T. Livingston!

[2]

Le parole per comprenderli, le cause che li scatenano, le tecniche per superarli: attacchi di panico addio!

Quali sono i sintomi degli attacchi di panico?Quali sono le principali cause che li scatenano?Vuoi eliminare gli attacchi di panico?

---

1. https://books2read.com/u/b6VkGy
2. https://books2read.com/u/b6VkGy

Gli attacchi di panico e i disturbo inerenti l'ansia sono la patologia dell'era moderna. Lo stress, i problemi quotidiani, le preoccupazioni e le difficoltà professionali hanno fatto in modo che questa patologia si diffuse sempre di più.

Molto spesso questa malattia colpisce improvvisamente e chi ne soffre non capisce che cosa le stia accadendo, sottovalutando così il problema o cercando di risolverlo con la semplice tecnica del calmarsi. È quindi indispensabile imparare a riconoscerla e cercare di capire come si può risolvere.

Questo libro ti permetterà di capire che cosa sono gli attacchi di panico, quali sono i sintomi principali di chi li subisce e come è possibile riconoscerli. Scoprirai perché alcune persone sono più soggette a soffrirne e quali sono le cause principali che li scaturiscono. Ma cosa più importante, grazie agli innumerevoli consigli imparerai a sconfiggerli e ad aiutare chi ne soffre.

Ecco che cosa otterrai da questo libro:

Che cosa significa panicoQuali sono i sintomi degli attacchi di panicoChi colpisconoQuali sono le principali causeI rimedi naturaliI rimedi scientificiRimedi sportiviCome si può aiutare chi ne soffreE molto di più!

Gli attacchi di panico ci impediscono di vivere una vita serena, molte volte sono talmente invalidanti che la persona che ne soffre ha paura anche solo ad uscire di casa. Per poter sconfiggere questo nemico invisibile è però indispensabile saperlo riconoscere, saperlo accettare e imparare a gestirlo tramite specifiche tecniche. Grazie a tutto ciò eliminerai questa condizione e ti riapproprierai della tua vita.

Also by David T. Livingston

Attacchi di Panico: Scopri come Superare Paura, Angoscia e Stress. La Guida Completa per Vivere Felici e in Armonia

Autostima: La Guida Completa per Migliorare la Fiducia in se Stessi. Scopri Come Gestire le Emozioni con l'Intelligenza Emotiva per Raggiungere i Tuoi Obiettivi.

9 798215 481547

Printed by Libri Plureos GmbH in Hamburg,
Germany